HENRI GENEVOIS

CARNOT

ET

LA DÉFENSE NATIONALE

I. — LA DÉFENSE DU HAVRE
II. — L'ARMISTICE
III. — LES ÉLECTIONS ET LES INÉLIGIBILITÉS

Avec un portrait hors texte

UN FRANC

PARIS

LIBRAIRIE H. LE SOUDIER

174, BOULEVARD SAINT-GERMAIN, 174

1894

HENRI GENEVOIS

CARNOT

ET

LA DÉFENSE NATIONALE

I. — **LA DÉFENSE DU HAVRE**

II. — **L'ARMISTICE**

III. — **LES ÉLECTIONS ET LES INÉLIGIBILITÉS**

Avec un portrait hors texte.

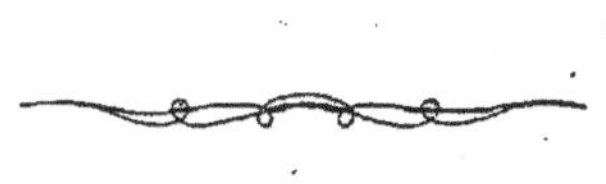

PARIS

LIBRAIRIE H. LE SOUDIER

174, BOULEVARD SAINT-GERMAIN, 174

1894

HISTOIRE

Les Dernières cartouches. **Janvier 1871.** *Villersexel, Héricourt, Pontarlier* (1893). Chez H. Le Soudier, éditeur, boulevard Saint-Germain, 174. Grand in-8º avec 3 cartes. 7 50

DROIT — ÉCONOMIE POLITIQUE

Régime des Sociétés. — Commentaire de la loi du 1er août 1893, précédé du texte *définitif* de la loi du 24 juillet 1867 *modifiée* (1894). Chez Marchal et Billard, libraires de la Cour de cassation, 27, place Dauphine. . . . . 5 »

La Nouvelle législation des marchés à terme (1885). Librairie nouvelle de Droit et de Jurisprudence, Arthur Rousseau, éditeur, 14, rue Soufflot. 3 50

Le Milliard de l'Algérie (1883). Librairie de la Presse. *Épuisé* . . . . » »

Lettre sur le Métal-Argent à MM. Liron d'Airolles, de Foville et Tirard (1893). Chez H. Defontenay, 98, rue de Richelieu. *Rare.* . . . . 1 »

ÉMILE COLIN — IMPRIMERIE DE LAGNY

Eugène Piron, Phot.

CARNOT

ET

LA DÉFENSE NATIONALE

I

LA DÉFENSE DU HAVRE

Le 5 décembre 1870, la première armée allemande occupa Rouen sans coup férir : la marche de l'ennemi avait été à peine contrariée, dans la journée du 4, par quelques tentatives de résistance décousues, sur des positions médiocrement choisies et mollement disputées.

Sans avoir subi d'échec sérieux, les colonnes françaises, minées par l'inaction, rebutées par l'incohérence du commandement, poussées à l'indiscipline par l'insuffisance des services administratifs — elles se composaient d'ailleurs presque exclusivement de mobiles — se retirèrent par la rive gauche de la Seine sur Honfleur. Dans la journée du 6, elles furent transbordées au Havre, où quelques détachements s'étaient déjà rendus directement en suivant la rive droite.

Les Havrais se préparaient à une défense énergique et,

— leur patriotisme encore surexcité par la rivalité légendaire avec Rouen, — juraient bien de ne pas s'abandonner comme la capitale normande. Il faut reconnaître, au surplus, que la situation du Havre était incomparablement plus propice à la résistance. Garantie de deux côtés par la mer et par l'estuaire de la Seine, la position du Havre était défendue vers le continent par trois forts, par une ligne de tranchées, d'abatis, de batteries et d'habitations organisées défensivement : le tout flanqué par la flottille. Grâce à d'importants sacrifices pécuniaires, la défense était assurée. Le Havre était non seulement à l'abri d'un coup de main, mais en mesure de défier des attaques sérieuses.

Pendant tout le mois de décembre et au commencement de janvier, les troupes agglomérées au Havre après l'évacuation de Rouen, restèrent dans une inaction à peu près complète. Faute d'une direction unique et d'efforts convergents, les corps qui opéraient isolément dans le Calvados et dans l'Eure sous les ordres des généraux Roy et de Lauriston, échouèrent dans leurs entreprises, alors qu'ils auraient pu obtenir d'excellents résultats en combinant leur action avec les troupes du Havre. D'autre part, les autorités civiles se plaignaient du défaut de concours et des préventions du commandement militaire.

C'est pour remédier à cette situation, activer l'organisation de nos forces, établir l'unité et l'autorité dans la Défense, que Gambetta délégua M. Sadi Carnot au Havre avec le titre de *Commissaire extraordinaire de la République dans la Seine-Inférieure, l'Eure et le Calvados.*

Ingénieur des Ponts et Chaussées, en résidence à Annecy, M. Sadi Carnot avait été appelé à Tours au bureau d'études topographiques, institué à côté du cabinet du ministre pour étudier la marche des armées dans ses rapports avec les moyens de communication et avec la configuration du pays, et pour centraliser quotidiennement toutes informations sur les forces, les marches et les emplacements des corps ennemis. De Tours, le service topographique s'était transporté à Bordeaux avec le gouvernement de la Défense nationale. Vers le milieu de janvier 1871, M. Sadi Carnot quitta ce service, appelé au poste de Commissaire extraordinaire.

Cette nomination fut notifiée par la dépêche suivante :

« Bordeaux, 13 janvier 1871, 5 h. 50 soir.

» *Intérieur et Guerre à sous-préfet et secrétaire général de Seine-Inférieure, le Havre.*

» Il importe d'aviser, me disiez-vous dans une précédente dépêche. C'est ce que j'ai fait en désignant M. Carnot comme préfet de la Seine-Inférieure et commissaire extraordinaire de la République dans la Seine-Inférieure, l'Eure et le Calvados. M. Carnot a pour mission d'organiser les forces de la Défense nationale dans les trois départements. Il est à la hauteur du rôle important que je lui ai assigné, et j'espère que, votre double concours lui étant acquis, il triomphera des difficultés.

» M. Carnot a quitté Bordeaux hier soir pour se rendre directement au Havre. — Léon Gambetta. »

Trois jours après, M. Carnot annonce qu'il est à son poste :

« Le Havre, 16 janvier 1871, 9 h. 12 soir.

» *Commissaire Défense à Intérieur, Bordeaux.*

» Je suis arrivé au Havre ce soir à 5 heures. J'ai vu Loysel, Ramel et Leplieux (1). Je suis à l'œuvre. — Carnot. »

Le même jour, le Commissaire de la République affiche une proclamation aux habitants de la Seine-Inférieure, de l'Eure et du Calvados. En quelques mots d'une ferme concision, il les convie à travailler en commun au salut de la Patrie : « L'union de tous les efforts et le concours de toutes les énergies assureront le succès de la sainte cause que nous avons à défendre. »

Les fonctions de M. Carnot furent de courte durée, puisque l'armistice vint clore la guerre moins de quinze jours après la prise de possession de son poste ; cependant, dans ce court laps de temps, le Commissaire de la République fit œuvre utile, menant de front l'organisation matérielle et la propagande patriotique, ces deux facteurs nécessaires et inséparables du succès.

Il comprend la nécessité de maintenir le moral de la nation à la hauteur du péril. Le 19 janvier, il assiste en tête de la population havraise aux obsèques d'un conseiller municipal du Havre, modeste ouvrier, lieutenant de francs-tireurs, tué au combat de Saint-Romain (2), et prononce d'ardentes paroles qui remuent profondément l'assistance.

____

(1) Général Loysel, nommé le 9 janvier au commandement du corps d'armée du Havre ; M. Ramel, sous-préfet du Havre ; M. Leplieux, secrétaire général du département.

(2) M. Frédéric Bellanger.

Il révoque un maire d'Yébleron que la peur avait rendu trop complaisant pour les Prussiens, et plus tard un employé supérieur de la préfecture de Rouen qui était resté à leur disposition pour leur faciliter l'administration du territoire envahi.

Au point de vue matériel, il active l'équipement et les services administratifs ; le 23 janvier, il requiert tous les propriétaires de l'arrondissement d'amener leurs chevaux sur le champ de foire du Havre, où l'intendance choisit ceux de ces chevaux qui sont propres au service.

Il réquisitionne également les chariots et les voitures pour organiser un corps du train auxiliaire.

Ses actes toujours méthodiques ne sentent pas l'effarement : il surveille et achève les travaux de défense ; mais il n'est pas de ces affolés destructeurs de ponts, coupeurs de routes, qui, par leurs détériorations ridicules, précipitées à tort et à travers sur le bruit qu'on voyait poindre la lance d'un uhlan, ont sur presque tous les points du territoire entravé les mouvements de nos propres troupes sans gêner en rien la marche de l'ennemi.

Le blocus fournit à M. Sadi Carnot l'occasion de prouver qu'il conservait, en pleine fièvre, de la mesure, de l'équité et du sang-froid. Un blocus inutilement rigoureux, établi par décret du 13 décembre sur toute la côte entre la Somme et la Seine (le Havre seul excepté), empêchait le débarquement à la fois des denrées de consommation et des matières premières. La cherté des vivres venait donc s'ajouter au chômage, et, en dehors des fortifications du Havre, « tout était tristesse, misère, désolation matérielle et morale ». Un des premiers actes de M. Carnot fut d'écouter ce cri de détresse que refusait d'entendre l'autorité militaire. Il autorisa, le 20 janvier, l'expédition des matières premières et

des houilles à destination des fabriques de Bolbec, Lillebonne et Fécamp, villes qui n'étaient occupées que d'une
façon intermittente, — à condition que ces expéditions
seraient accompagnées d'un laisser-passer qui devait être
retourné au Havre dans les vingt-quatre heures, avec un
visa du maire constatant que ces marchandises avaient été
déposées dans la commune et qu'elles y seraient employées.
Cette mesure, qui ne nuisait en rien à la défense, sauva de
la famine une nombreuse population ouvrière.

Le 28 janvier, la défense permanente du Havre était
devenue très redoutable, et le corps d'opérations était prêt
à entrer utilement en campagne. Ce jour-là, M. Sadi
Carnot, accompagné du général Loysel, passa la revue du
corps d'opération (30,000 hommes — armée active, mobiles et mobilisés, — formant deux divisions) et de la
garde nationale sédentaire, comptant 10,000 fusils.

On pouvait espérer que les Prussiens, affaiblis autour de
Rouen par la nécessité d'envoyer des renforts contre
l'armée du Nord et contre l'armée de l'Est, seraient forcés
d'évacuer la Seine-Inférieure et de se retirer sur Beauvais
aussitôt que l'offensive du général Loysel deviendrait pres-
sante. L'état-major allemand avait d'ailleurs prévu expres-
sément cette éventualité (1).

(1) Le 12 janvier, le général de Bentheim, commandant à Rouen,
mandait au chef de la 1re armée que l'envoi à Amiens de trois nouveaux
bataillons le laissait dans une situation risquée, et qu'il devait éventuel-
lement songer à évacuer Rouen. Le général de Goeben, commandant le
8e corps prussien, lui recommandait — par des instructions qui se croi-
sèrent avec la dépêche ci-dessus — de battre en retraite dans la direction de Paris, en cas d'attaque par des forces supérieures.

Pendant que les Allemands, se sentant *en l'air*, se tenaient prêts à
rompre devant une attaque vigoureuse, la plupart de nos généraux (sauf
un qui n'a pas été soutenu, le général Roy) étaient dans des alarmes

Malheureusement, Paris capitulait le jour même où M. Sadi Carnot passait cette grande revue, prélude d'opérations actives.

continuelles, grossissant fantastiquement les forces ennemies. C'est cette ignorance de leurs forces réelles qui a fait, dans la seconde partie de la guerre, le prestige des Allemands. Ce n'est pas seulement à Rouen que nous voyons les Allemands sur le *qui-vive*, alors que de leur côté nos chefs vivaient en appréhensions : c'est après Coulmiers, c'est après Villersexel. Seuls, Chanzy et Faidherbe voyaient les choses de sang-froid et l'ennemi tel qu'il était.

Beaucoup parmi les autres généraux auraient mérité la rude apostrophe de Chanzy à l'un de ses divisionnaires, qui se croyait poursuivi par une armée alors qu'il n'avait que quelques uhlans à ses trousses : « Tâchez donc de voir par vous-même et de ne pas prendre vos ren- » seignements auprès des fuyards ! »

II

L'ARMISTICE

Jules Favre, abîmé de douleur, ne conservait ni le ressort, ni la lucidité nécessaires pour résister aux clauses
léonines que lui imposèrent dans la convention MM. de
Bismarck et de Moltke, et pour éventer les pièges qu'ils lui
tendirent.

La plus lamentable de ces aberrations fut la clause pla-
çant l'armée de l'Est en dehors de l'armistice, l'isolant et
l'abandonnant — sans même la prévenir — au milieu des
forces allemandes.

La responsabilité de Jules Favre n'était d'ailleurs pas
seule en jeu. Et Gambetta avait raison lorsqu'il criait fu-
rieusement au général Thoumas :

« — Je comprends qu'un avocat hébété par la peur ait
» commis une pareille balourdise et une semblable infamie ;
» mais ce Jules Favre était assisté d'un général. Que le
» sang de l'armée de l'Est et la honte de la défaite retom-
» bent sur lui ! »

On va voir que si la « balourdise » de l'armée de l'Est a
été la plus effroyable, elle ne fut pas la seule. M. Jules
Favre et ses assistants militaires paraissent avoir tout aban-
donné, tout « lâché ».

Les premiers bruits d'armistice et de capitulation parviennent au Havre le 30 janvier. M. Carnot s'en inquiète et se tient sur ses gardes.

« Le Havre, 30 janvier 1871, 5 h. 15 s.

» *Préfet à Intérieur, Gambetta, Bordeaux (chiffrée).*

» Je reçois avis indirects pour préparer le ravitaillement de Paris. Tout m'est suspect qui ne vient pas de vous. Je suis prêt à agir, mais j'attends avis de Bordeaux. — CARNOT. »

La difficulté des communications et la lenteur des transmissions — intentionnelle de la part des Allemands, qui avaient tout intérêt à manœuvrer — prolonge encore l'incertitude le 31 janvier :

« Le Havre, 31 janvier 1871, 7 h. soir.

» *Préfet à Gambetta, Intérieur, Bordeaux.*

» Je reçois la dépêche suivante :

« Pont-Audemer, 31 janvier, 4 h. 15 s.

» La commission municipale de Pont-Audemer, les
» administrations télégraphiques et postes, n'ont aucune
» instruction écrite sur l'exécution de l'armistice ; les popu-
» lations et l'administration restent donc à la merci des
» troupes prussiennes, qui fixent verbalement, à leur fan-
» taisie, à midi aujourd'hui, le commencement de l'armis-
» tice, réclamant le premier douzième de l'impôt 1871, et
» vont régler tout ainsi. La situation est intolérable. Nous
» demandons les instructions qui nous sont indispen-
» sables.

» Une garnison régulière d'un bataillon du 93ᵉ de ligne
» et d'un escadron du 11ᵉ hussards de Westphalie déclare
» s'installer ici. »

» A tout instant je reçois avis de semblables violations
d'un armistice dont j'ignore du reste les clauses, n'ayant
d'autres détails que ceux fournis par une dépêche à Gambetta, signée Bismarck. J'ai donné des ordres pour que les
maires fixent par procès-verbaux les positions respectives
des avant-postes français et prussiens. Mais j'ai besoin
d'instructions précises. La délimitation par le service militaire s'opère actuellement. — CARNOT. »

Cette délimitation réservait à nos généraux de pénibles
déconvenues. Dans un télégramme du 1ᵉʳ février, adressé à
Gambetta, le général Loysel exprime en termes très vifs sa
surprise et son indignation :

« J'ai sous les yeux texte convention apporté par Harel.
C'est une trahison, dit le général.

» La ligne de démarcation partant de Pont-l'Evêque et
se dirigeant vers Lignières, nous abandonnons toute la
rive gauche de la Seine ; il n'y a plus à s'occuper de la tête
de Honfleur que vous avez prescrit d'établir. Je ne puis
admettre la ligne d'Etretat à Saint-Romain, avec la condition de se tenir à dix kilomètres en arrière. Le 10, j'occu-
pais Goderville, Bolbec, Lanquetôt et Lillebonne.

» La règle d'*uti possidetis* me les donne, et nul n'a le
droit d'en disposer pour les remettre à l'ennemi. Les Prussiens revendiquent aussi les ports où nos croiseurs se rendaient constamment, ce qui est inadmissible. Les conditions concernant Paris sont exorbitantes.

» Donnez-moi d'urgence des instructions.

» Je ne veux rien céder, si je ne reçois ordre formel. »

Les discussions soulevées par l'exécution de l'armistice prirent souvent un caractère aigu. A Dieppe, le conflit faillit devenir sanglant. Le lieutenant de vaisseau Carrey, commandant l'aviso *le Diamant*, avait pénétré dans le port le 30 janvier et occupé l'hôtel de ville. En même temps, un détachement de mobiles arrivait d'Abbeville. Le 31 au matin, une avant-garde allemande se présente devant Dieppe : le lieutenant Carrey refuse d'évacuer la ville, et, comme l'armistice ne commence qu'à midi, il offre au commandant allemand de se battre jusqu'à ce moment. Le chef du détachement ennemi se retira sans accepter cette proposition. Le lendemain, 1er février, l'ennemi se représenta : cette fois, le commandant Carrey dut s'incliner devant les clauses précises de la convention de Versailles, qui lui avait été notifiée dans l'intervalle et qui fixait comme démarcation à l'armée du Havre une ligne partant d'Etretat et traversant Saint-Romain. Les Prussiens entrèrent à Dieppe le 1er février, à onze heures.

M. Sadi Carnot s'efforçait de céder le moins de terrain possible :

« Le Havre, 1er février 1871, 2 h. 10 s.

» *Commissaire extraordinaire de la Défense à maire,*
Honfleur.

» Vous devez protester avec une inébranlable énergie contre l'occupation prussienne d'un territoire qui était libre au moment de la signature de l'armistice.

» Si vous ne pouvez absolument pas l'empêcher, dressez

procès-verbal et notifiez au commandant prussien. J'informe le ministre de la guerre de la violation des conventions. — CARNOT. »

Sur ces entrefaites, le général Loysel avait envoyé aux avant-postes allemands, à Almivare, le commandant Harel qui revint avec le texte de la convention. Le général ne peut se résoudre à s'incliner : « Occupant Criquetot, Bolbec et Lillebonne, dit-il, je ne puis admettre que nous soyons rejetés sur la place. Je ne veux donc pas signer une stipulation ratifiant la ligne Jules Favre, à moins que vous ne m'en donniez l'ordre formel, et je ferai connaître par un ordre du jour que nous subissons les conditions dictées par M. Jules Favre. »

De son côté, M. Carnot tient ferme :

« Le Havre, 1er février 1871, 6 h. 15 s.
» *Préfet* à *maire de Fécamp.*

» Je vous félicite, ainsi que votre conseil municipal, de l'énergie que vous déployez contre les prétentions prussiennes.

» Je n'ai encore rien de précis sur la ligne de démarcation ; mais je vous engage à persister avec fermeté dans vos protestations : j'en fais autant de mon côté. — CARNOT. »

Tous les jours, c'est un effort nouveau, une protestation désespérée contre cette déplorable convention !...

« Le Havre, 1er février 1871, 11 h. 30 s.
» *Préfet* à *Gambetta, Bordeaux.*

» La délimitation de l'occupation prussienne, telle que la définit la convention signée Bismarck et Jules Favre, est inadmissible. Elle conduit à cession de villes et de territoires libres jusqu'ici des atteintes de l'ennemi. Sur mon invitation, les municipalités des communes que les soldats prussiens ont envahies depuis deux jours, grâce à l'omission inqualifiable du délai d'exécution de l'armistice, protestent de tous côtés contre l'invasion et notifient leur protestation aux commandants militaires étrangers. Cette attitude énergique des autorités civiles impose à plusieurs. Ils sont entrés à Honfleur, à Fécamp, Saint-Valery. Il y en a actuellement 3,500 à Dieppe. — CARNOT. »

Le 2 février, nouvelle dépêche rendant compte de l'épisode du *Diamant* à Dieppe, que nous avons raconté plus haut. Puis voici, le 3 février, une suprême protestation d'un ton si ferme et si élevé, qui se termine par la préoccupation d'assurer la sincérité des élections :

« Le Havre, 3 février 1871, 6 h. 40 s.

» *Préfet à Intérieur, Gambetta, Bordeaux.*

» Malgré nos protestations réitérées, Dieppe est occupé. Le service télégraphique y devient impossible, et on m'annonce qu'un sous-préfet prussien est nommé. Il en sera de même sans doute à Rouen, à Yvetot, à Neufchâtel. Les Prussiens prétendraient avoir ce droit, aux termes d'une nouvelle prescription qui aurait été consentie par M. Jules Favre.

» Ainsi occupation ennemie, suppression des rapports administratifs, installation d'un pouvoir étranger dans quatre arrondissements sur cinq, ignorance forcée des dispositions prises pour le vote, difficulté des communications postales. Peut-on faire des élections valables dans des conditions pareilles?

» J'envoie protestation au commandant prussien ; je réclame, sans compter l'obtenir, le respect de la convention qui stipule que toutes facilités seront laissées pour les élections.

» Et j'oppose aux fonctionnaires nommés par l'ennemi des fonctionnaires nommés par moi avec ordre d'assurer énergiquement la liberté électorale. — CARNOT. »

Ces protestations n'aboutirent pas, c'est vrai : mais elles devaient être faites, pour empêcher tout au moins la prescription du Droit... du Droit qui, cette fois, était primé par la Force et par la Ruse (1).

(1) Quoique démissionnaire, M. Carnot continua à remplir ses fonctions avec son scrupuleux dévouement. Nous trouvons, datée du 11 février 1871, une dépêche qu'il adressait à M. Magnin, ministre du Commerce :

« Gouvernement anglais envoie à titre gratuit vivres pour Paris, acceptés par Gouvernement français.

» Six navires : *Buffalo*, *Buizard*, *Tamaro*, *Valorons*, *Felter*, *Hélicon*, arrivent ou vont arriver au Havre avec dix-huit cents tonnes de farines, biscuits, viandes conservées ; il conviendrait d'assurer le passage et l'arrivée de cet envoi généreux de nos voisins, de préférence à tout autre, et de faire donner dans ce sens à Paris des instructions formelles à la Compagnie des chemins de fer de l'Ouest.

» J'attends de vous avis pour faire partir. »

III

LES ÉLECTIONS ET LES INÉLIGIBILITÉS

« Qu'allez-vous faire à Versailles ? Capituler comme Gou-
» vernement, vous ne le pouvez ni en fait ni en droit. *En*
» *fait*, cernés dans Paris depuis quatre mois, réduits par la
» disette à en ouvrir les portes à l'ennemi, vous ne pouvez
» stipuler que pour la ville et exclusivement comme repré-
» sentant de la ville... *En droit*, vous ne pouvez disposer
» du titre du gouvernement sans le supprimer, comme il
» est arrivé après la capitulation de l'homme de Sedan. La
» collectivité même, la pluralité de notre gouvernement
» *impliquent la dévolution de tout le pouvoir aux survi-*
» *vants d'entre nous, que leurs collègues aient été frappés*
» *de mort naturelle ou de mort politique...* Donc, vous ne
» devez traiter, à mon sentiment, *que de la reddition même*
» *de la place.* »

C'est ainsi que Gambetta, dans sa lettre du 27 janvier à
Jules Favre, définissait — avec quelle dialectique puis-
sante et quelle hauteur de vues ! — le droit, le titre et la
fonction du gouvernement *de la Défense nationale* (1). La

(1) « J'avais réclamé, dès le début, que le gouvernement tout entier
» sortît de Paris ; je ne comprenais pas qu'une ville qui allait être

fraction parisienne, loin de l'entendre ainsi, voulut retenir toute son autorité après la reddition.

La prétention du gouvernement de Paris de rester, même après la chute de cette place le gouvernement de la France entière, s'affirma tout d'abord à propos des élections.

Le gouvernement de Bordeaux publiait le 31 janvier un décret convoquant les électeurs pour le 8 février, à l'effet de nommer une Assemblée nationale.

Le même jour, un second décret déclarait inéligibles « les individus qui, depuis le 2 décembre 1851 jusqu'au » 4 septembre 1870, avaient accepté les fonctions de *ministre, sénateur, conseiller d'Etat* ou *préfet.* » Et aussi ceux ayant accepté la candidature officielle et dont les noms figuraient dans les listes, recommandés par les préfets et publiés au *Moniteur officiel* avec les mentions : *candidat du gouvernement, candidat de l'administration* ou *candidat officiel.*

Ce décret était motivé par deux considérants ainsi conçus :

« Considérant qu'il est juste que tous les complices du » régime qui a commencé par l'attentat du 2 décembre pour » finir par la capitulation de Sedan, en léguant à la France » la ruine et l'invasion, soient frappés momentanément de » la même déchéance politique que la dynastie à jamais » maudite dont ils ont été les coupables instruments;

» Considérant que c'est là une sanction nécessaire de la » responsabilité qu'ils ont encourue en aidant et assistant,

» assiégée et bloquée, et par conséquent réduite à un rôle purement » militaire et stratégique, conservât le gouvernement dans son sein. » — *Gambetta.* Déposition devant la Commission d'enquête parlementaire. 7 septembre 1871.

» avec connaissance de cause, l'ex-empereur dans l'ac-
» complissement des divers actes de son gouvernement qui
» ont mis la Patrie en danger. »

Ce décret eut le don de jeter M. de Bismarck dans une profonde irritation. Le chancelier protesta directement auprès de Gambetta par un télégramme que ce dernier publia et commenta en ces termes :

« Bordeaux, 2 février 1871, 10 h. du soir.

» *Intérieur aux préfets. — Circulaire.*

» Citoyens, je reçois le télégramme suivant :

« *Versailles, 6 h. du soir. — A monsieur Léon Gambetta,*
Bordeaux.

» Au nom de la liberté des élections stipulée par la con-
» vention d'armistice, je proteste contre les dispositions
» émanées en votre nom (*sic*), pour priver du droit d'être
» élus à l'Assemblée des catégories nombreuses de citoyens
» français (1). Des élections faites sous un régime d'oppres-
» sion arbitraire ne pourront pas conférer les droits que la
» convention d'armistice reconnaît aux députés librement
» élus. — *Bismarck.* »

» Nous disions, il y a quelques jours, que la Prusse comptait, pour satisfaire son ambition, sur une Assemblée où, grâce à la brièveté des délais et aux difficultés de toute sorte, auraient pu entrer les complices et les complaisants de la dynastie déchue, les alliés de M. de Bismarck.

» Le décret d'exclusion rendu le 31 janvier déjoue ces

(1) Les versions allemandes portent : « les dispositions *émises* en votre nom. » La variante provient sans doute d'une erreur de transmission.

espérances. L'insolente prétention qu'affiche le ministre prussien d'intervenir dans la constitution d'une Assemblée française est la justification la plus éclatante des mesures prises par le gouvernement de la République.

» L'enseignement ne sera pas perdu pour ceux qui ont le sentiment de l'honneur national. — LÉON GAMBETTA. »

M. Jules Simon vint à Bordeaux, délégué par le gouvernement de Paris. Les scènes les plus orageuses éclatèrent au sujet du décret des inéligibilités, qui fut définitivement rapporté le 4 février, par un décret de Paris (1). Gambetta n'en eut connaissance que le 6 et donna immédiatement sa démission (2). Maître de la garde nationale de Bordeaux, il ne céda pas à la tentation d'appliquer la doctrine de la déchéance de la fraction parisienne qu'il avait si magistralement développée dans sa lettre du 27 janvier : il recula devant l'ef-

---

(1) Dans une de ces discussions, raconte un des hommes mêlés intimement à ces événements, Gambetta reprochait amèrement au gouvernement de Paris ses capitulations quotidiennes devant Trochu, préface de la capitulation définitive; il lui reprochait les clauses militaires de l'armistice désastreuses pour les armées de province ; il lui reprochait enfin ses complaisances pour Bismarck, — le menaçant d'écrasantes responsabilités devant l'Histoire. M. Jules Simon, courbé sous ce réquisitoire, larmoyait, et répétait à chaque apostrophe :

— « Alors, prenez ma tête! prenez ma tête ! »

— « Votre tête! Qu'est-ce que vous voulez que j'en fasse?... Des breloques?... »

Le geste, l'accent, la solennité du moment, ajoute ce témoin, donnaient à cette réplique un caractère de trivialité shakespearienne.

(2) Devant la Commission d'enquête parlementaire, Gambetta justifia sa conduite en ces termes :

« Il fallait leur interdire (aux complices de l'Empire) la politique en » face d'un étranger qui était sans cesse en collision avec eux.

» C'est pour cela qu'imitant un exemple donné par les peuples les plus » libres, les Anglais, les Américains, nous avons frappé d'exclusion » momentanée et d'une indignité, passagère à ce point de vue, du

froyable responsabilité d'une sécession à cet instant d'extrême péril. Cet homme, qui avait une foi indomptable dans la continuation de la lutte et pour qui ce fut un indicible déchirement de céder son poste de combat à des partisans de la paix à tout prix, surmonta ses indignations et ses écœurements. Il prit pour la dernière fois sa plume de « dictateur » et signa, avec Clément Laurier et Emmanuel Arago (ce dernier nommé ministre de l'Intérieur à sa place), l'appel suivant à la sagesse et à la concorde : « La » dissidence qui s'est produite par la question des incom-» patibilités ne doit pas mettre en péril la paix publique, » télégraphiait-il aux préfets du Var, des Alpes-Maritimes » et de l'Indre. Vous en répondez et nous en répondons » tous. Au nom de la patrie, soyons unis. Faites faire les » élections dans la paix et dans la conciliation : là est le » salut. — GAMBETTA, LAURIER, ARAGO. »

Quelle fut, dans ce conflit et dans la question de paix ou de guerre, l'attitude de M. Sadi Carnot ?

Beaucoup, en lisant ses dépêches, seront surpris, comme d'une révélation inattendue, de voir M. Carnot s'affirmer partisan déterminé de la guerre à outrance. Il est à peine utile de souligner, dans ces ardentes protestations, des réminiscences frappantes — on pourrait dire ataviques — de l'époque conventionnelle.

» mandat de député, les hommes qui avaient été les instruments du » régime impérial.

» Je dis que, comme les complices de l'Empire ne forment pas une » couche sociale, et se constituent par une classe de citoyens, les re-» proches adressés au décret de nullités de la représentation nationale, » d'attenter au droit souverain du Suffrage universel, sont mal fondés. » C'est une série nominative de personnes, d'individus, ayant pris part » à une série d'actes politiques, que l'on frappait au nom et dans l'intérêt » du pays. » — 7 septembre 1871.

Dès le 30 janvier il transmet la dépêche suivante :

Le Havre, 30 janvier 1871, 11 h. 55.

» *A ministre Gambetta, Bordeaux.*

« Fidèle aux sentiments qui l'ont toujours animée, la démocratie de la Seine-Inférieure émet le vœu suivant :

» PAS D'ÉLECTIONS ! LUTTE A OUTRANCE !

» *Les comités républicains du Havre, de Rouen, d'Elbeuf, de Darnetal et de Déville, et la fédération ouvrière rouennaise.*

» Les présidents pour la confédération rouennaise : E. Aubry, Drouet, Ch. Cord'homme, Regnier, E. Vaughan, F. Delacroix.

» Visée : *Le préfet de la Seine-Inférieure,* — CARNOT. »

Passant aux actes, il révoque sans hésitation le sous-préfet de Dieppe qui, prenant parti pour Paris, refusait d'afficher la proclamation de Gambetta :

« Le Havre, 2 février 1871, 9 h. 5, soir.

» *Préfet à Gambetta, Bordeaux.*

» Le sous-préfet de Dieppe me télégraphie :

« Le *Journal officiel* de Paris, remis hier au maire de
» Dieppe par un voyageur, contient un décret relatif aux
» élections.
» Ce décret diffère de ceux de la délégation de Bordeaux.
» Le décret du gouvernement de Paris n'exclut de l'éligibi-
» lité ni les anciens candidats officiels, ni les ministres et
» conseillers d'État de l'Empire.
» Cette dualité de pouvoirs crée une situation très déli-
» cate sur laquelle télégraphiez-moi immédiatement votre
» opinion. »

« Le même sous-préfet de Dieppe me télégraphiait ce matin que l'occupation de Dieppe résultant de l'armistice l'empêchait de publier votre proclamation. *Je considère cette dépêche comme une démission.* M. Justin, que vous avez déjà désigné, part pour remplacer M. Chambon que j'avise de cette mesure ; je donne ordre à M. Justin de suivre vos instructions sans s'occuper du décret de Paris et je lui enjoins de protester de toute son énergie contre les entraves que l'occupation prussienne pourrait apporter à l'exercice du droit électoral. — CARNOT. »

Le commissaire de la République avait érigé l'arrondissement du Havre en circonscription électorale indépendante afin que la partie libre pût voter à part, sans que ses votes fussent noyés dans les suffrages des populations envahies, allant au scrutin sous l'œil de l'ennemi.

« Le Havre, 7 février, 1871, 12 h. s.

Préfet à Intérieur, Bordeaux.

« A raison des entraves apportées à la liberté des élections par l'occupation prussienne dans quatre arrondissements de la Seine-Inférieure, le gouvernement a décrété, le 4 février, que l'arrondissement du Havre resterait exceptionnellement une circonscription du vote, et j'ai pris un arrêté pour fixer le nombre des représentants auquel sa population donne droit.

» Les arrondissements ne doivent voter que sur bulletins portant douze noms.

» Si, par une interprétation des décrets de Paris du 29 janvier, le département de la Seine-Inférieure est traité comme les départements entièrement occupés, le maire de Rouen, qui prétend exercer les pouvoirs de préfet, peut, avec l'appui des Prussiens, diriger les opérations électorales dans quatre arrondissements ; mais il est absolument sans droit sur l'arrondissement du Havre et doit réduire à douze le nombre des noms à compter sur les bulletins déposés, dans la partie occupée du département.

» Les instructions et avis que j'ai envoyés dans ce sens sont interceptés, et le *Moniteur prussien* de Rouen invite à les arracher sous peine d'une forte amende.

» Je suis donc impuissant à assurer la sincérité des élections dans les arrondissements occupés ; et si le gouvernement n'intervient pas pour que les votes libres soient comptés à part, la confusion résultant du maintien des seize noms sur les listes prussiennes dénaturera absolument le sens du vote. Réponse très urgente ; on vote demain. — Carnot. »

Mais c'est dans une admirable dépêche du 7 février qu'éclate l'indomptable patriotisme de M. Sadi Carnot. C'est bien le petit-fils de Lazare Carnot, qui, le 7 février, télégraphie à Emmanuel Arago cette fière protestation :

« Monsieur le ministre, les décrets rendus à Paris le 29 janvier ne m'ont jamais été notifiés. Et j'ai affiché et contresigné ceux du 31, rendus à Bordeaux.

» En publiant aujourd'hui, d'après vos ordres, l'annulation des décrets de Bordeaux, j'ai le devoir de dégager ma responsabilité et de ne pas me déjuger.

» Convaincu de la nécessité de lutter à outrance pour sauver notre pays de l'anéantissement politique et des colères qui en résultent, j'ai accepté comme une mesure de défense nationale le deuxième décret du 31 janvier, bien qu'il fût contraire à mes doctrines politiques, comme je consens aux réquisitions militaires, bien qu'elles consacrent une atteinte à la propriété et la liberté individuelle.

» Dans la crise où nous sommes, en présence d'élections que dénature la pression étrangère et que la discussion n'a pas le temps d'éclairer, j'ai admis une mesure d'exception parce que j'y ai vu, en état de guerre, une nécessité de salut public. Si vous ne redoutez pas une Chambre telle que M. de Bismarck la désire, je ne puis vous suivre.

» En venant ici avec mission d'organiser les forces de la défense, j'acceptais un poste de combat qui n'a de raison *qu'avec la Chambre fière et résolue entrevue par Gambetta, avec l'exclusion des partisans de la paix à tout prix.*

» Pour rester fidèle à la ligne de conduite que je m'étais tracée, je vous remets donc mes fonctions et vous prie d'accepter ma démission. — CARNOT. »

Cette page vaut qu'on s'y arrête.

Il faut remarquer, en dehors de la chaleur du sentiment, la préoccupation de formuler et de motiver doctrinalement l'adhésion donnée à des mesures d'exception. M. Sadi Carnot éprouve le besoin de justifier dans sa conscience l'exclusion qui frappe une catégorie d'individus : de même qu'il consent aux réquisitions bien que contraires à la propriété et à la liberté, de même il accepte le décret des inéligibilités comme une mesure de défense nationale. Il tient à spécifier et à justifier son adhésion à une mesure « contraire à ses doctrines politiques ».

Après avoir posé en quelques mots la loi souveraine du salut public, il a la préoccupation très philosophique de l'enfermer aussitôt dans des limites nettement circonscrites : il en parle en toute sûreté de conscience, de cette loi suprême qui fut aux mains de son grand ancêtre l'instrument de l'affranchissement national.

Lui, l'homme mesuré et correct, le serviteur de la légalité, ne partage pas un instant les scrupules de ses collègues des départements voisins qui se retranchaient, pour résister à Gambetta, derrière un libéralisme irréductible et sincère probablement — bien qu'on l'ait quelquefois soupçonné de masquer le scepticisme ou la défaillance.

M. Challemel-Lacour donnait une note très exacte et une appréciation très observée lorsqu'il disait, au Panthéon :

« Comment s'était-il trouvé si vite et si facilement de plain-pied avec une situation si nouvelle ? Par cette impeccable correction dont des esprits légers, gâtés par l'habitude et l'abus du persiflage, ont voulu parfois s'égayer. Avec plus de réflexion, ils auraient aperçu que cette correction, c'est-à-dire la dignité constante du maintien, du langage, de la vie, n'est point chose apprise et l'effet d'une contrainte de la volonté ; elle ne peut être que le reflet de la correction de l'âme, l'expression d'une nature dégagée de tout ce qui est bas et accoutumée à *prendre au sérieux tous les devoirs, de quelque nature qu'ils soient, qui lui sont imposés.*

» Cette dignité d'attitude et de langage, peut-être avait-elle en partie sa source dans ce calme d'âme, si éloigné de l'indifférence et de la frivolité, et qui ressemble plutôt A UNE FOI SUPÉRIEURE. »

La dépêche du 7 février, écrite en pleine tempête, confirme cette psychologie.

Il faut aussi noter, comme preuve d'une grande portée d'esprit, la phrase où il prévoit « les colères qui résulteront » d'une paix humiliante. M. de Bismarck avait déjà fait pareille prophétie à Jules Favre.

Cette dépêche ne révèle-t-elle pas un Carnot inconnu, — collaborateur ardent du « fou furieux » et partisan de la guerre à outrance ?

Le 8 février, M. Sadi Carnot était élu député de la Côte-d'Or, par 42,000 voix, sur la même liste que Garibaldi.

Fidèle à sa scrupuleuse délicatesse, en ce temps d'agitation électorale, d'anarchie administrative, de déchaînement d'intrigues et d'ambitions personnelles, il reste à son poste jusqu'au 19 février. Ce jour-là, il quitte le Havre après avoir affiché une proclamation d'où nous détachons ces passages :

« Le 7 février, j'ai adressé ma démission au gouverne-
» ment ; mais, dans les circonstances où nous sommes, je
» tenais à ne pas quitter mon poste sans en être relevé.

» J'apprends tardivement que le département de la Côte-
» d'Or m'a fait l'honneur de m'élire au nombre de ses repré-
» sentants à l'Assemblée nationale, et je dois partir en toute
» hâte pour aller à temps exercer ce mandat, qui domine
» tous les autres. »

Quelques jours plus tard, le 1er mars 1871, l'Assemblée de Bordeaux est mise en demeure de ratifier les préliminaires de paix, signés le 27 février à Versailles entre M. Thiers et Bismarck.

Sous le coup d'une effroyable responsabilité, 546 députés se résignent à voter la rançon et le démembrement.

107 veulent maintenir *quand même* l'intégrité de la Patrie et refusent de souscrire à des conditions que M. Henri Tolain proclame, à la tribune, « honteuses et inacceptables ».

Cette minorité comprend tous les députés de l'Alsace et de la Lorraine, presque tous les députés de Paris, la plupart des députés des départements envahis, quatre généraux ayant commandé en chef devant l'ennemi — Chanzy, Billot, Loysel et Mazure (1).

Il est à peine besoin d'ajouter que, parmi ces 107 patriotes irréductibles, se trouve Sadi Carnot.

Voilà donc Carnot bien et dûment étiqueté « fou furieux! »

On n'a pas oublié que M. Thiers a porté deux jugements qui résument sa façon de comprendre le rôle de la France devant l'invasion. Du haut de la tribune de Versailles, « à deux pas des Allemands campés sur notre territoire », il a flétri Gambetta — « *fou furieux* »; il a exalté Bazaine — « *glorieux soldat* » (2).

L'Histoire, ou plus simplement la France, a quelque peu raturé le double jugement de l'homme dont Gambetta a su tirer la plus jolie des vengeances en l'utilisant merveilleusement pour la fondation de la République.

Carnot « fou furieux! » Délicieuse ironie des jugements de parti. Sont-elles assez risibles et inopérantes, les excommunications politiques? Mais, par cela même, de dérisoires elles deviennent odieuses, lorsqu'en une minute d'affolement on tente de leur donner corps dans des lois d'expédient.

---

(1) Voir aux annexes les noms des 107 membres de l'Assemblée qui ont repoussé la livraison de l'Alsace et de la Lorraine.

(2) Voici les propres paroles de M. Thiers à la séance du 29 mai 1871 :
« Je viens, *au nom du maréchal Bazaine*, vous demander ce que je
» considère comme un grand acte de justice... J'ai été heureux d'en-
» tendre notre illustre collègue, le général Changarnier, parler si digne-
» ment *d'un de nos grands hommes de guerre*... qui a eu l'honneur de
» commander, et de commander *glorieusement*, une des plus nobles
» armées du pays. »

MM.

FLOQUET (Charles).
GAMBETTA.
GAMBON.
GENT.
GEORGE.
GIRERD (Cyprien).
GRANPIERRE.
GREPPO.
GROSJEAN.
GUITER.
HARTMANN.
HUMBERT (Haute-Garonne).
HUMBERT (Louis-Amédée).
JAUBERT (Comte).
JOIGNEAUX.
JOUVENEL (Baron de).
KABLÉ.
KELLER.
KŒCHLIN.
LAFLIZE.
LAMY.
LANGLOIS.
LASERVE.
LAURIER (Clément);
LEFRANC (Pierre).
LEPÈRE.
LOCKROY.
LOYSEL (Général).
LUCET.
MAHY (De).
MALENS.
MALOU (Benoît).
MARC-DUFRAISSE.

MM.

MAZURE (Général).
MALSHEIM.
MILLIÈRE.
MONTEIL.
MOREAU.
NOBLOT.
OSTERMANN.
PEYRAT.
PYAT (Félix).
QUINET (Edgar).
RANC.
RATHIER.
RAZOUA.
REHM.
RENCKER.
ROCHEFORT.
SAGLIO.
SAISY (Hervé de).
SCHEURER-KESTNER.
SCHNÉEGANS.
SCHŒLCHER.
TABERLET.
TACHARD.
TEUTSCH.
TIRARD.
TITOT.
TOLAIN.
TRIDON.
VARROY.
VICTOR HUGO.
VILLAIN.
VIOX.

ANNEXE

SCRUTIN

**Sur le projet de loi relatif aux préliminaires de paix
signés à Versailles le 26 février 1871.**

Ont voté contre :

<table>
<tr><td>MM.</td><td>MM.</td></tr>
<tr><td>Adam (Edmond).</td><td>Brunet (Jean).</td></tr>
<tr><td>Albrecht.</td><td>Carion.</td></tr>
<tr><td>Amat.</td><td>Carnot, fils.</td></tr>
<tr><td>Ancelon.</td><td>Chaix.</td></tr>
<tr><td>André (Docteur).</td><td>Chanzy (Général).</td></tr>
<tr><td>Andrieu.</td><td>Chauffour.</td></tr>
<tr><td>Arago (Emmanuel).</td><td>Claude (Meurthe).</td></tr>
<tr><td>Arnaud (de l'Ariège).</td><td>Claude (Vosges).</td></tr>
<tr><td>Bamberger.</td><td>Clémenceau.</td></tr>
<tr><td>Barbaroux (Docteur).</td><td>Colas.</td></tr>
<tr><td>Bardon.</td><td>Cournet (Seine).</td></tr>
<tr><td>Berlet (Meurthe).</td><td>Delescluze.</td></tr>
<tr><td>Bernard (Martin).</td><td>Deschange.</td></tr>
<tr><td>Billot (Général).</td><td>Dorian.</td></tr>
<tr><td>Billy.</td><td>Dornès (Léon).</td></tr>
<tr><td>Blanc (Louis).</td><td>Dubois.</td></tr>
<tr><td>Boell.</td><td>Duclrec.</td></tr>
<tr><td>Boersch.</td><td>Ducoux.</td></tr>
<tr><td>Brice.</td><td>Durieux.</td></tr>
<tr><td>Brisson.</td><td>Esquiros.</td></tr>
<tr><td>Brun (Charles).</td><td>Farcy (lieutenant de vaisseau).</td></tr>
</table>

N'ont pas pris part au vote :

MM.	MM.
Aubry (Vosges).	Joinville (Prince de).
Aumale (Duc d').	Jordan.
Balsan.	Küss.
Broglie (Duc de).	Lavergne.
Buffet.	Lignier.
Chanteloup (Martin).	Naquet.
Charette (De) (général).	Picard (Ernest).
Chaudordy (Comte de).	Poujade.
Coutant.	Ravinel.
Deligny (Général).	Sauvage (De).
Denfert (Colonel).	Valon (De).
Favre (Jules).	

EMILE COLIN — IMPRIMERIE DE LAGNY

MÉMOIRES DU MARÉCHAL DE MOLTKE

Tome I. Histoire de la Guerre de 1870.
1 volume grand in-8°, avec carte.......... **10** fr.
Tome II. Correspondance (Lettre à sa mère et à ses frères).
1 volume grand in-8°............. **10** fr.

LES DERNIÈRES CARTOUCHES

— JANVIER 1871 —

VILLERSEXEL - HÉRICOURT - PONTARLIER

Par HENRI GENEVOIS

7 fr. 50   Fort volume grand in-8° de 410 pages sur beau papier   **7 fr. 50**
avec **3 grandes cartes hors texte.**

On peut considérer que **M. Henri Genevois** a écrit l'histoire
définitive — tant au point de vue politique qu'au point de vue
militaire — de cette Campagne de l'Est qui fut l'acte le plus dra-
matique de la Défense nationale.

La vitalité de la race gauloise ressort de ce livre — comme
une fière consolation pour le passé, comme une espérance réconfortante pour l'avenir.

L'historien a pris pour épigraphe de son livre ce télégramme
éploré que **Werder** acculé adressait à **de Moltke**, le 14 janvier
1871, pour lui demander l'autorisation de lever le siège de
Belfort, dans la croyance où il était que **Bourbaki** — profitant
des victoires de ses troupes — allait anéantir son corps d'armée.

Cette poignante dépêche et vingt autres documents inspirent
une patriotique colère contre ceux qui ont paralysé les qualités et
les efforts de nos contingents improvisés.

OPINION DE LA PRESSE SUR LES « DERNIÈRES CARTOUCHES »

PRESSE FRANÇAISE

(Extraits des articles des principaux critiques.)

Le Temps :

...*Les Dernières Cartouches* laissent une impression plus
poignante. L'odyssée de l'armée de l'Est dépasse en tragique
horreur tout ce que l'on avait vu jusqu'alors. En moins d'un mois
ce suprême effort de la défense nationale était anéanti. La belle
armée réunie en Bourgogne et en Franche-Comté, si pleine d'en-

thousiasme, si confiante dans le succès, était disloquée et, dans un inexprimable désordre, refoulée sur le territoire suisse. L'histoire de cette courte campagne, si heureuse au début, a été tentée bien des fois ; mais tous les livres consacrés à l'armée de l'Est portent la marque de passions qui rendaient bien difficile un jugement impartial.

Il faut reconnaître que ce livre est le plus complet que nous ayons encore sur cette tentative hardie de débloquer Belfort et de porter la guerre sur le Rhin, idée heureuse et juste, qui aurait réussi entre les mains d'un homme de guerre habile et que les tergiversations du commandement empêchèrent seules d'aboutir.

Les Dernières Cartouches vengent l'armée de l'Est, les levées de mobiles et de mobilisés, les corps francs et les régiments de marche des attaques dont ils ont été l'objet.

Nulle part on ne dépensa plus d'héroïsme, et lorsque, pendant la retraite, l'armée, désorganisée par un hiver terrible, par la marche à travers les neiges, par les ordres et les contre-ordres successifs, se débandait, il a suffi de quelques chefs énergiques pour maintenir les unités en bon ordre et opposer à l'armée victorieuse une barrière qui protégea le passage de l'armée sur le territoire helvétique. Le dernier grand combat, celui de la Cluse, fut une victoire contre des forces supérieures.

Ce sont là des événements trop connus et qu'il était bon de remettre en lumière. Le livre de M. Genevois est donc une œuvre patriotique. Malgré la grandeur du désastre que M. Genevois a tenté de raconter et de juger, on sort de cette lecture avec une réconfortante impression. L'armée moderne, sans cesse entraînée, ayant à sa tête des chefs vraiment préparés à la guerre, ne saurait montrer moins de ténacité et d'héroïsme que les troupes qui ont brûlé dans le Jura les « dernières cartouches ».

A. DUMAZET.

Le Jour :

Le livre que vient de faire paraître sous le titre : *les Dernières Cartouches*, **M. Henri Genevois**, est le premier ouvrage d'histoire vraiment digne de ce nom qui ait été consacré à l'armée de l'Est, à cette armée de Bourbaki sur laquelle nous avions mis, en 1870, nos dernières espérances de victoire et qui, après avoir battu Werder à Villersexel, devait supporter, jusqu'à la dernière limite des forces humaines, les misères dues à une organisation insuffisante et aux rigueurs d'un effroyable hiver.

Ces espérances de victoire, l'auteur nous fait voir qu'elles étaient parfaitement fondées, qu'elles devaient même se réaliser, si les transports qui devaient jeter nos cent mille hommes sur l'Alsace et amener la rupture des communications de l'ennemi n'eussent été retardés tant par des mesures d'exécution mal prises que par l'inclémence de la saison.

GRENEST.

L'Echo de Paris :

Dans un chapitre d'une haute portée philosophique et qui est comme la conclusion morale du récit douloureux qu'il vient de faire en patriote navré et en historien précis, M. Henri Genevois a décrit les causes psychologiques de l'inertie de la défense et de l'incapacité, de l'incompétence de certains chefs. Bourbaki n'est pas seul coupable. Il était le produit d'un milieu et eut la plupart de ses collègues pour émules dans le relâchement moral. Aucun ne croyait à la possibilité d'une résistance que l'examen documentaire des faits révèle comme plus que réalisable. L'auteur rend hommage, par contre, à l'énergie de Gambetta et cite cette appréciation du général allemand de Coltz :

« Si jamais mon pays venait à traverser les épreuves qu'a traversées la France, je ne ferais qu'un vœu, qu'il se trouve parmi nous un autre Gambetta. »

Aujourd'hui que l'apaisement des passions et le recul de la mort permettent de juger plus froidement les hommes qui assumèrent la lourde tâche de défendre jusqu'au bout l'honneur de la patrie avec les lambeaux de son territoire envahi, il convient de reconnaître que ceux-là qui ont voulu prolonger la résistance, que les « guerres à outrance », comme on les nommait, ont contribué puissamment à relever la France abattue. Si on avait traité cette paix au lendemain de Sedan, la France devenait la risée de l'Europe et la proie facile de l'Allemagne. La résistance nous a protégés contre le retour des vainqueurs. On lira avec émotion les pages indignées où l'auteur flétrit l'abandon de l'armée de l'Est fait par Jules Favre dans les conditions de l'armistice, l'hospitalité donnée par la Suisse à nos débris encore glorieux et dignement célébrés.

La seconde partie de l'ouvrage contient la première défense de Dijon, Garibaldi et l'armée de l'Est, et l'Historique du 32ᵉ régiment d'infanterie de marche. Des états de troupes, des textes de conventions, de télégrammes officiels, etc., achèvent de donner à ce beau et sérieux travail, qui doit avoir sa place dans toutes les bibliothèques militaires et que liront tous ceux qui veulent connaître les causes exactes, les ensembles et les détails de nos revers, un haut témoignage historique, l'histoire de la mémorable campagne de l'Est, où M. Henri Genevois rend justice au courage, à la résignation, à la solidité des soldats qu'on a trop rabaissés parce qu'ils avaient été conduits non à la gloire, mais à l'humiliation de la retraite sur le sol étranger. *Les Dernières Cartouches* resteront le livre d'honneur de ces héros de la cause qui sont tombés dans les plis du drapeau, gardiens éternels de l'honneur de la patrie, plus tenace que le sol et qu'aucun traité de Francfort ne saurait arracher.

Edmond LEPELLETIER.

La Lanterne :

Combien y a-t-il de Français sachant que le 14 janvier 1871, le général allemand Werder, battu à Villersexel, battu encore à Arcey, désespérait de sa situation? Combien connaissent ce télégramme où il demande à de Moltke l'autorisation de lever le siège de Belfort pour éviter **l'anéantissement de son corps d'armée**? Comment l'armée de l'Est, au moment de délivrer la Patrie, a-t-elle été paralysée? Comment ces brillants succès ont-ils abouti à un lamentable désastre? C'est ce que M. Henri Genevois a entrepris de raconter dans un livre magistral : **LES DERNIÈRES CARTOUCHES, Villersexel, Héricourt, Pontarlier**.

Ecrit avec une impartialité qui n'exclut pas la colère patriotique contre ceux dont les défaillances et le scepticisme ont empêché l'armée de l'Est de sauver la France, ce volume de quatre cents pages, accompagné de trois belles cartes, est remarquable par la clarté du récit.

L'éditeur Le Soudier, qui publiait naguère les *Mémoires du Maréchal de Moltke*, vient d'ajouter à l'histoire toujours poignante de la guerre de 1870-1871 un chapitre décisif.

Le Rappel :

Le livre de M. Henri Genevois, fortement documenté, écrit presque sans style, avec la raideur et la précision d'un procès-verbal, est d'une haute éloquence. N'ai-je pas raison de dire qu'il est d'actualité? Oui, vraiment, de palpitante et poignante actualité. Est-ce que dans l'air nous n'entendons pas, autour de nous, bruire des menaces? Est-ce que sur les routes ne roulent pas les canons? Est-ce que les campagnes ne sont pas pleines partout d'un sourd et confus frémissement d'armes agitées? Est-ce que, au-dessus des troupes en manœuvres, on ne voit pas, dans le ciel bleu, tourner, prophétiques, des rondes macabres de corbeaux? Les livres de souvenirs sont bons parce qu'ils sont des livres d'enseignement; parce qu'à l'heure présente, plus que jamais, nous devons chercher dans les leçons du passé le moyen de vaincre cette fatalité qui nous vainquit il y a vingt-trois ans.

Lucien VICTOR-MEUNIER.

Germinal :

Ah! comment ne pas trouver un ardent intérêt à ces choses encore saignantes et si vigoureusement contées? Comment ne pas s'associer aux conclusions de l'auteur et ne pas rappeler au pays, avec Henri Genevois, qu'après avoir été livré par l'insuffisance intellectuelle et la dépression morale de l'empire, il a été sauvé, dans la défaite même, par l'esprit républicain? Au césarisme revient la honte de l'invasion et du démembrement; au génie de notre race et à la démocratie dirigeante, la gloire de la résistance acharnée.

Cette résistance semblait à beaucoup de gens un acte de folie. Elle fut la vraie sagesse, et ce qui fait l'honneur, la force inébranlable du parti républicain, c'est précisément que cette « folie » ait été sa loi, sa raison d'être et son mot d'ordre; c'est que dans son programme officiel, dans son *credo* et dans son organisme, il ait été le seul à affirmer la lutte à outrance et la patrie intangible. L'infériorité des autres partis, c'est qu'en fournissant à la défense des milliers d'individualités, ils n'aient point su l'ériger en article de foi, en dogme de race ; tandis que le parti républicain, fidèle à son acte de naissance, organe naturel d'une démocratie qui a la loi impérieuse de vivre et de vaincre, se refusait à accepter la défaite.

Plus que jamais, au moment où les monarchistes, sous le masque mal attaché du *ralliement*, cherchent à ressaisir la direction du pays, il est nécessaire que ces choses soient rappelées et comprises. C'est pourquoi le livre d'Henri Genevois sera lu et médité, et c'est pourquoi il faut le signaler à tous les esprits attentifs, non pas comme une œuvre de circonstance, mais comme une haute leçon de philosophie politique.

Paschal GROUSSET.

Nous nous contentons de courts extraits des études publiées par la presse politique et nous sommes obligés d'omettre beaucoup d'élogieux articles, par exemple, de **Paul Strauss** dans le *Paris*, de **Théodore Cahu** et **Paul Ginisty** dans le *XIXe Siècle*, de **Lucien Nicot** dans la *France*, **S. Pichon** dans la *Revue Nouvelle*, etc.

PRESSE MILITAIRE

De la *France Militaire* :

Parmi les nombreux ouvrages publiés sur la guerre franco-allemande, il en est peu qui jettent autant de lumière sur les causes de la catastrophe finale. A ce titre seul, le public devrait être reconnaissant à M. Henri Genevois d'avoir eu l'audace de crier aussi haut la vérité et d'exprimer en termes aussi énergiques son opinion sur les hommes qui ont joué un rôle prépondérant dans les dernières scènes du grand drame.

Certes, les partisans aveugles du brillant Bourbaki d'antan protesteront contre ce violent réquisitoire bondé de chefs d'accusation plus écrasants les uns que les autres, mais les juges impartiaux seront bien obligés d'attribuer au commandant en chef de l'armée de l'Est la lourde part de responsabilité qui lui incombe.

Que ceux qui doutent encore comparent, sans parti pris, Chanzy et Bourbaki :

Chanzy ne désespérant jamais et écrivant à Gambetta qu'après Paris il y avait la France, dont à tout prix il fallait sauver l'honneur et l'existence ; Bourbaki rabrouant ses lieutenants qui l'adjurent de prendre une vigoureuse offensive. Chanzy exaltant l'ardeur de ses troupes ; Bourbaki annihilant le patriotisme des siennes en les rabaissant, en leur enlevant la confiance qu'elles avaient encore en elles-mêmes, malgré leurs revers.

Dans l'émouvant récit des *Dernières Cartouches*, les Français trouveront tout ce qu'ils peuvent désirer pour éclairer leur religion, dissiper leurs doutes et démontrer la fausseté des légendes imaginées par des écrivains intéressés et peu consciencieux.

Dans l'appendice, l'auteur a colligé et classé un grand nombre de documents instructifs, véritables pièces à conviction du procès. On les consultera certainement avec fruit, ainsi que les trois grandes cartes hors texte, qui permettent aux lecteurs de se faire une idée très juste de la situation respective des belligérants au moment où furent tirées nos dernières cartouches.

PRESSE ÉTRANGÈRE

Dans l'*Athenaeum*, de sir Charles Dilke, nous détachons d'une longue et magistrale étude :

Le titre de ce livre ferait croire à un roman. Ce n'en est pourtant pas un, et cependant, dans un sens, c'est un drame historique. Et quelle lamentable histoire ! Car M. Genevois raconte avec une fièvre communicative l'insuccès du dernier effort tenté pour sauver la France, et *démontre* comment cet insuccès peut être *entièrement* attribué à la faute d'un seul homme : le brave, mais incapable Bourbaki...

Les opinions varient sur la sagesse du plan général. Pour nous, personnellement, nous ne sommes pas disposés à condamner la conception de Gambetta, car l'effet moral du succès de Bourbaki eût été énorme. L'auteur dit avec vérité : « La campagne de l'Est a échoué pour des causes absolument étrangères au plan lui-même, et précisément à cause des modifications apportées au programme initial. »

... La triste histoire de ces événements est racontée avec une grande précision, une clarté complète et beaucoup de feu par M. Henri Genevois.

Le Messin :

... Malgré ses 400 pages, ce volume se lit d'un bout à l'autre sans effort, comme un roman.

Les techniciens trouveront également leur compte dans le volume de M. Henri Genevois, car ce dernier, suivant l'excellente méthode adoptée par M. Thiers dans ses travaux historiques, a toujours soin de donner le dénombrement des forces en présence dans chaque combat, les numéros des régiments, des bataillons et des batteries, enfin tous les éléments nécessaires pour une exacte appréciation des choses. De plus, trois belles cartes, hors texte, permettent de suivre pas à pas les opérations décrites. Tous ceux qui s'occupent des questions militaires trouveront dans **Les Dernières Cartouches** une œuvre de science, relevée par un mérite littéraire de haut goût.

Aucun ouvrage ne donne une idée plus vraie et plus émouvante de ce qui s'est passé sur cette partie du théâtre de la guerre ; c'est dire tout l'intérêt qui s'attache à cette belle publication. **A.**

La Nouvelle Revue internationale :

... Les péripéties de la guerre de 1870-71 comptent un historien de plus. Sous ce titre très approprié : **Les Dernières Cartouches**, un ancien combattant de l'armée de l'Est, M. Henri Genevois, raconte les derniers exploits, les dernières convulsions de cette vaillante armée pendant le mois de janvier 1871. Le récit est intéressant, suggestif, et l'abondante documentation qui l'accompagne n'alourdit pas la vivacité de la narration...

TABLE DES MATIÈRES

des « Dernières Cartouches »

PREMIÈRE PARTIE

CHAPITRE PREMIER. — AVANT LA CAMPAGNE DE L'EST

CHAPITRE II. — LA PRÉPARATION DE LA CAMPAGNE. — DE BOURGES A VILLERSEXEL

CHAPITRE III. — LA BATAILLE DE VILLERSEXEL

CHAPITRE IV. — DE VILLERSEXEL A HÉRICOURT

CHAPITRE V. — DEVANT BELFORT. — (LA JOURNÉE DU 15 : MONTBÉLIARD)

CHAPITRE VI. — DEVANT BELFORT. — (LA JOURNÉE DU 16 : CHENEBIER)

CHAPITRE VII. — LA JOURNÉE DU 17. — CHENEBIER PRIS ET REPRIS

CHAPITRE VIII. — LES OPÉRATIONS VERS LA TROUÉE DE BELFORT

CHAPITRE IX. — LA PREMIÈRE ÉTAPE DE LA RETRAITE (LE DOUBS FORCÉ)

CHAPITRE X. — AUTOUR DE BESANÇON

CHAPITRE XI. — LA DEUXIÈME ÉTAPE DE RETRAITE (L'ARMISTICE)

CHAPITRE XII. — LES DERNIÈRES CARTOUCHES (L'ENTRÉE EN SUISSE)

CHAPITRE XIII. — CEUX QUI S'ÉCHAPPENT DU DÉSASTRE

CHAPITRE XIV. — LES FAUTES DE LA CAMPAGNE DE L'EST

CHAPITRE XV. — LES CAUSES DE LA CATASTROPHE

DEUXIÈME PARTIE

I. La première défense de Dijon. — II. Garibaldi et l'armée de l'Est. — III. Historique du 32e régiment d'infanterie de marche.

TROISIÈME PARTIE (*Annexes*)

I. Composition de l'armée de l'Est en janvier 1871. — II. Composition des troupes de Werder. — III. Armée du Sud (Manteuffel). — IV. Mouvement tournant de Manteuffel. — V. Marche des Allemands vers Pontarlier. — VI. Bourbaki ordonne la retraite. — VII. Convention pour l'entrée en Suisse. — VIII. Convention pour l'évacuation de Belfort. — IX. Télégramme à Bourbaki. — X. La marche de l'armée de Manteuffel. — XI. Convention relative à la remise de la place de Belfort. — XII. Annexe à cette convention. — XIII. Les Prussiens et l'armistice. — XIV. Les pertes des Allemands sur la Lisaine.

GENEVOIS (H.). — **Les dernières Cartouches.** (Villersexel, Héricourt, Pontarlier.) Un vol. in-8º . . . . 7 fr. 50

ROUTIER (G.). — **Guillaume II à Londres et l'Union franco-russe.** Un vol. in-18 . . . . 3 fr. 50

Mémoires du Maréchal de Moltke. — *Histoire de la Guerre de 1870.* Un vol. grand in-8º avec carte. . . . . 10 fr. »

— *Correspondance* (Lettres à sa mère et à ses frères). Un volume gr. in-8º. 10 fr. »

EMBDEN (Baron de). — **Heine intime,** lettres inédites. Un volume in-18 . . . . . . 3 fr. 50

VILLE-D'AVRAY (H. de). — **Signes conventionnels et Lecture des Cartes françaises et étrangères.** (France, Allemagne, Italie, Russie, Autriche, Angleterre, Belgique, Suisse et Espagne.) Renseignements pratiques pour faciliter aux officiers en mission les travaux de revision de la carte d'état-major au $\frac{1}{80000}$. Levés d'itinéraires, lecture du nivellement, etc. Deux parties en un volume relié . . . . 3 fr. 50

— Première partie : France, Allemagne, Italie, Russie. Levés d'itinéraires, Renseignements pratiques, etc. Un vol. relié. . 2 fr. 50

— Deuxième partie, contenant les autres puissances : détail de lectures, problèmes sur le nivellement et la topographie militaire. Relié . . . . 1 fr. 50

MAZZOCCHI. — **Mémorial technique universel,** recueil de tables et formules à l'usage des ingénieurs, architectes, mécaniciens, etc., avec 200 figures et un petit Dictionnaire technologique français, italien, allemand, anglais. Format de poche 5 $\times$ 8 cent., relié peau . . . . 6 fr. 50

BRENTANO. — **La Question ouvrière.** Un vol. in-16. 10 fr. »

POUSSIÉ (Dr). — **Manuel de Conversation en 30 langues.** Un vol. relié . . . . 10 fr. »

Carte de la répartition et de l'emplacement des troupes de l'armée française, avec Index des officiers supérieurs qui les commandent. . . . . 1 fr. 50

ÉM.